W0077563

Helene Weinold

Weihnachtsbasteln wie in Kindertagen

AUGUSTUS

Inhalt

Vorwort

»Wir haben als Kinder immer so hübsche Sterne aus Transparentpapier geschnitten, aber ich weiß nicht mehr, wie man das Papier falten und wo man schneiden musste.« – »Ich war fasziniert von diesen Sternen mit den Igelstachen. Dazu brauchte man einen Bleistift, aber mehr weiß ich auch nicht mehr.« – »Zu Weihnachten gehören für mich selbst gebastelte Strohsterne.«

Solche Bemerkungen habe ich in den vergangenen Jahren sehr oft gehört: Jeder erinnert sich an vorweihnachtliche Basteleien aus Kindertagen und würde die Freude daran gern mit den eigenen Kindern und Enkeln teilen, doch wie ging das damals nur?

Hier sind sie alle versammelt: Igelstern und Flechtherz, Rauschgoldengel und Apfelmännlein, Nikolausstiefel und Duftorangen. Bei einigen Projekten können schon Dreijährige mithelfen und Salzteigformen ausstechen oder Buntpapierstreifen zu einer Kette zusammenkleben.

Lassen Sie sich aufs Neue verzaubern von den nostalgischen Dekorationen und freuen Sie sich auf gemütliche Bastelnachmittage in der Vorweihnachtszeit!

Helene Weinold

Adventskalender-Haus

Aus lauter Streichholzschachteln ist dieses Haus gebaut. In jeder Schublade hat eine kleine Überraschung Platz.

Das wird gebraucht

24 leere Streichholzschachteln
Glanzpapier, gummiert
Goldziffern, selbstklebend, für die Zahlen
  1 bis 24
7 x 28 cm Karton (z.B. von einer Cornflakes-
  Schachtel)
7 x 28 cm Wellkarton, rot, mit Wellen-
  muster
ca. 15 x 10 cm Tonkarton, rot
Schere, Cutter
Watte
Alleskleber

So wird's gemacht

Schneiden Sie aus Glanzpapier in den gewünschten Farben passende Rechtecke für die Streichholzschachtel-Fronten zu. (Beim Originalmodell ist jedes Rechteck 1,4 x 3,3 cm groß. Messen Sie jedoch sicherheitshalber Ihre Streichholzschachteln nach.) Für die Tür bereiten Sie drei Rechtecke in Braun vor. Für die Schubladen, auf denen die Fenster sitzen, brauchen Sie jeweils ein Rechteck in der Hausfarbe und ein kleineres (beim Originalmodell: 1 x 2 cm) für eine Fensterhälfte. Jedes Fenster reicht in der Höhe über zwei Schubladen. Besonders hübsch sieht es aus, wenn Sie die Fens-

ter mit einem schmalen Rahmen aus braunem Glanzpapier umranden. Fensterkreuze und ähnliche Details erübrigen sich, da sie von den Klebeziffern ohnehin verdeckt würden.

Bekleben Sie die Fronten der Streichholzschachteln mit den Glanzpapier-Rechtecken und mit den Zahlen 1 bis 24. Anschließend setzen Sie die Schachteln zusammen, wie es das Foto zeigt:

4 Reihen à 5 Schachteln (beachten Sie die Position von Fenstern und Tür), 1 Reihe à 3 Schachteln; die letzte Schachtel sitzt oben in der Mitte.

Kaschieren Sie die Seitenwände des Hauses und des »Treppengiebels« mit passend zugeschnittenen Glanzpapierstücken. Die Rückwand bleibt unverkleidet, damit die Schubladen leicht nach vorne herausgeschoben werden können.

Schneiden Sie den Kamin entsprechend der Vorlage (siehe Vorlagenbogen) aus rotem Tonkarton zu, ritzen Sie die Knickstellen mit dem Cutter ein und kleben Sie den Kamin zusammen. Die unteren Laschen knicken Sie nach außen.

Ritzen Sie die Rechtecke aus Karton und aus Wellkarton für den Dachfirst quer in der Mitte ein und knicken Sie beide ab. In den Wellkarton schneiden Sie ein rechteckiges Loch für den Kamin (siehe Vorlagenbogen), stecken diesen von unten nach oben durch das Loch und fixieren die seitlichen Laschen mit etwas Alleskleber an der Unterseite des roten Wellkartons. Dann kleben Sie die beiden Kartonteile für das Dach aufeinander, bestreichen die Kanten der obersten Streichholzschachteln mit Alleskleber und setzen das Dach auf das Haus.

Für den Rauch zupfen Sie etwas Watte auseinander und stecken sie in den Kamin.

Adventskalender aus Goldnüssen

Diese Kette aus vergoldeten Nüssen auf einem roten Band stellt eine ausgesprochen stimmungsvolle Adventsdekoration dar. Jeden Tag darf eine Nuss abgeschnitten und geknackt werden. Darin finden sich Überraschungen für die ganze Familie.

Das wird gebraucht

24 Walnüsse, sauber halbiert
2 m Satinband, rot, 3 cm breit
Goldbronze
Pinsel
Alleskleber
Schreibpapier
Klebesternchen, goldfarben

So wird's gemacht

Halbieren Sie 24 Walnüsse vorsichtig mit einem alten Messer, nehmen Sie die Nusskerne vorsichtig heraus und achten Sie darauf, die zueinander passenden Hälften nicht zu vertauschen.

Dann überziehen Sie die Schalen mit Goldbronze und lassen sie gut trocknen. Währenddessen bereiten Sie die Gutscheine vor, die in die Nüsse gesteckt werden. Denken Sie sich Überraschungen aus, die nichts oder nur wenig kosten und der ganzen Familie Freude bereiten: gemeinsames Pizzabacken am Abend oder ein Spieleabend zum Beispiel. Schreiben Sie Ihre Ideen von Hand auf kleine Zettel oder tippen Sie am Computer ein ganzes Blatt, das Sie anschließend zu Gutscheinen schneiden und mit Klebesternchen verzieren.

Legen Sie jeweils in eine Schalenhälfte einen solchen gefalteten oder gerollten Zettel, bestreichen Sie die Ränder der Nuss-Schale mit Alleskleber und legen Sie das rote Band darauf. Dann bestreichen Sie die Ränder der passenden Schalenhälfte ebenfalls mit Klebstoff und fixieren diese exakt auf ihrem Gegenstück, sodass das Band dazwischen eingeschlossen ist. Bekleben Sie auf diese Weise das ganze Band mit Nuss-Schalen, in denen je ein Gutschein steckt.

Das obere Ende des Bandes können Sie zu einer Schlaufe legen und mit Klebstoff oder einigen Handstichen befestigen, damit der Adventskalender aufgehängt werden kann.

Lichterengel

Diese Lichterengel bestehen aus dicker Aluminiumfolie, die sich gut prägen und lochen lässt. Die Grundform ist ein Kreis, der raffiniert eingeschnitten und geformt wird, sodass Engel samt Flügeln in einem Stück entstehen.

Das wird gebraucht

16 x 16 cm Aluminium-Prägefolie
  (siehe Tipp auf Seite 8!)
Moltontuch
Stricknadel
Schere
Nagel oder dicke Sticknadel
Flaschenkorken (nach Belieben)
Teelicht

So wird's gemacht

Übertragen Sie die Linien für den Engel vom Vorlagenbogen auf die Aluminiumfolie. Dazu pausen Sie die Vorlage durch oder fotokopieren sie. Dann legen Sie die Folie auf ein mehrfach gefaltetes Moltontuch, decken sie mit der kopierten Vorlage ab und fahren die Linien mit einer Stricknadel und leichtem Druck nach. Wenn Sie das Papier abnehmen, sehen Sie bereits die eingeprägten Linien.

Schneiden Sie den Kreis aus und schneiden Sie alle durchgezogenen Linien im Inneren des Kreises ein wie angegeben. Dann verzieren Sie Gesicht und Flügel nach Belieben, indem Sie mit der Stricknadel beispielsweise Augen, Mund und Locken von der linken Folienseite her in den Kopf prägen. Die Struktur der Flügel entsteht durch Linien, die abwechselnd auf der rechten und auf der linken Folienseite eingeprägt werden.

Schließlich stanzen Sie mit einem Nagel oder einer dicken Sticknadel Löcher in den Rock des Engelchens. Wenn Sie das hintere Ende des Nagels oder der Nadel in einen Flaschenkorken stecken, können Sie bequemer damit arbeiten. Der Nagel erzeugt größere Löcher, die mehr Licht durchscheinen lassen. Das Muster wird jedoch ziemlich grob, und der Rock des Engels verformt sich umso mehr, je dicker der Nagel ist. Ein zierlicheres Lochmuster entsteht, wenn Sie eine Sticknadel verwenden. Allerdings dringt dann weniger Licht nach außen.

Formen Sie die Folie nun so, dass Sie die Einschnitte an den Flügeln zusammenstecken können, und richten Sie den Kopf des Engels auf.

Stellen Sie ein brennendes Teelicht auf eine hitzefeste Unterlage und stülpen Sie den Engel darüber.

● Tipp ●

Wenn Sie ein Teelicht unter das Engelchen stellen möchten, dürfen Sie nur reine Metallfolie verwenden, wie sie für Prägearbeiten gold-, silber- und kupferfarben angeboten wird. Folien für Sterne (siehe Seite 24) und anderen Weihnachtsschmuck eignen sich nicht.

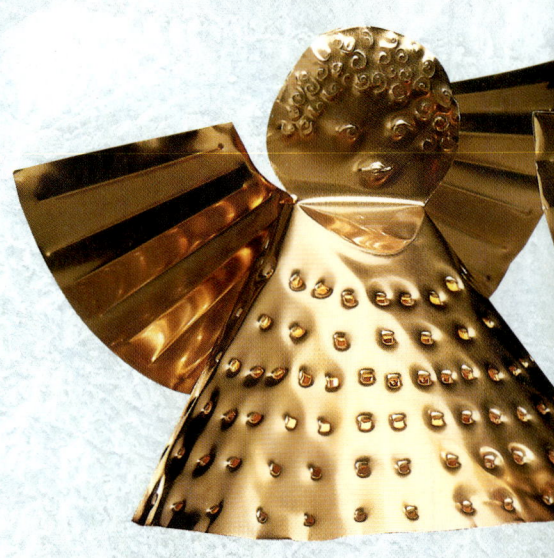

Duftorangen

*So muss Weihnachten riechen: Die
mit Nelken gespickten Orangen sehen
wunderhübsch aus und verströmen
einen würzigen Duft.*

Das wird gebraucht

1 Zahnstocher
1 dickschalige Orange
Gewürznelken
Geschenkband (nach Belieben)

So wird's gemacht

Stechen Sie mit dem Zahnstocher dekorativ angeordnete Löcher in die Schale

der Orange und stecken Sie in jedes
Löchlein eine Gewürznelke.

Wer mag, bindet Geschenkband kreuz-
weise um die Orange, knotet das Band
zur Schlaufe und hängt die Duftorange
daran auf. Denken Sie aber bereits bei
der Anlage des Musters daran, Platz für
das Band zu lassen.

Zwetschgenmännlein

Vor allem in Franken sind die lustigen Zwetschgenmännlein sehr beliebt. Oft werden sie als Schornsteinfeger mit Leiter und Zylinder ausstaffiert. Dieser Geselle aus Feigen, Trockenpflaumen und einer Walnuss ist unterwegs zum Wintersport.

Das wird gebraucht

50 cm Biegedraht, Ø 2 mm
12 Trockenpflaumen
4 getrocknete Feigen
1 Walnuss
Holzklotz als Sockel, ca. 7 x 5 x 3 cm
Bohrer
Bastelfarbe, rot, weiß und schwarz
Pinsel
3 Mini-Pompons
Alleskleber und Schere
Garnrest, rot (Lauflänge ca. 210 m/50 g)
Nadelspiel Nr. 2,5
Häkelnadel
Sticknadel Nr. 18 ohne Spitze
Strickliesel
Kartonrest, weiß
2 Schaschlikspießchen aus Holz

So wird's gemacht

Schneiden Sie den Biegedraht in zwei Stücke von 30 und 20 cm Länge. Das längere Stück legen Sie mittig zusammen und verdrillen beide Enden etwa 2 cm vom Mittelknick entfernt mitei-

nander. Schieben Sie das kürzere Drahtstück für die Arme knapp unter der verdrillten Stelle zwischen den beiden Enden des längeren Drahtstücks hindurch und wickeln Sie es je einmal um jeden Schenkel (siehe Grafik).

Ziehen Sie vier Feigen für den Rumpf des Männleins auf die beiden Drahtenden unterhalb des Kopfes. Dann fädeln Sie auf alle vier Drahtenden je drei Trockenpflaumen. Bohren Sie mit einem feinen Bohrer zwei tiefe Löcher in den Holzsockel und stecken Sie die »Füße« des Männleins hinein. Für die Hände biegen Sie den Draht zur Schlinge.

Malen Sie auf die Walnuss ein Gesicht und stecken Sie die Nuss auf die Drahtschlinge für den Kopf. Die drei Mini-Pompons kleben Sie in die Zwischenräume zwischen jeweils zwei Feigen.

Für den Schal schlagen Sie aus dem roten Garn 70 Maschen mit zwei Nadeln des Nadelspiels Nr. 2,5 an und stricken 5 Reihen kraus rechts (in Hin- und Rückreihen rechte Maschen stricken). Maschen abketten und mit Häkel- oder Sticknadel Fransen aus 6 cm langen Garnfäden in die Schmalseiten einknüpfen.

Für die Mütze schlagen Sie 24 Maschen auf dem Nadelspiel an und stricken – je nach Größe des Walnuss-Kopfes – 8 bis 10 Runden im Rippenmuster (1 Masche rechts, 1 Masche links im Wechsel). Glatt rechts weiterstricken und in den beiden folgenden Runden gleichmäßig verteilt jeweils 6 Maschen abnehmen (2 Maschen rechts zusammenstricken), sodass 12 Maschen übrig bleiben. In der folgenden Runde immer 2 Maschen rechts zusammenstricken (= 6 Maschen). Die letzten Maschen mit doppeltem Faden zusammenziehen und den Faden vernähen. Auf die Mütze einen fertig gekauften oder selbst hergestellten Pompon nähen und die Mütze mit etwas Alleskleber auf dem Kopf des Zwetschgenmännleins befestigen.

Für die Handschuhe arbeiten Sie 5 bis 6 Runden aus demselben Garn auf der Strickliesel, ziehen den Faden an der vorderen Spitze ins Innere des kurzen Schlauchstücks und streifen diese »Fäustlinge« über die Handschlingen des Männleins. Den Arbeitsfaden ziehen Sie durch die letzten 4 Maschen, wickeln ihn mehrere Male um das »Handgelenk« des Männleins und vernähen ihn.

Schneiden Sie aus dem weißen Kartonrest zwei Skier und zwei Kreise (Ø ca. 1 cm) als Teller für die Skistöcke aus. Stecken Sie die Kartonkreise auf das spitze Ende der Schaschlikspießchen und kürzen Sie die Spießchen passend zum Zwetschgenmännlein. Skier und Skistöcke lehnen Sie an die entsprechend gebogenen Arme des Männleins an oder fixieren sie mit einem Tupfer Klebstoff.

Nikolausstiefel

Einen solchen prachtvollen Stiefel füllt der Nikolaus ganz besonders gern mit allerlei guten Gaben.

Das wird gebraucht

25 cm Weihnachtsstoff, 90 cm breit
25 cm Baumwollstoff für das Futter,
　90 cm breit
40 x 50 cm Volumenvlies
Nähfaden, farblich passend
Heftfaden
Nähnadel
Schere
140 cm Baumwoll-Paspelband, rot

So wird's gemacht

Pausen Sie den Schnitt für den Stiefel vom Vorlagenbogen ab und schneiden Sie die Form aus. Legen Sie Weihnachtsstoff, Futterstoff und Volumenvlies doppelt, übertragen Sie den Umriss des Stiefels auf die obere Lage und schneiden Sie je zwei Formen aus. Durch die doppelte Lage erhalten Sie automatisch gegengleiche Stücke.

Legen Sie jeweils einen Stiefel aus Futterstoff mit der rechten Seite nach unten, einen Stiefel aus Volumenvlies und einen aus Weihnachtsstoff mit der rechten Seite nach oben aufeinander.

Stecken Sie die Lagen zusammen und nähen Sie von Hand oder mit der Nähmaschine einmal rundherum. Dann stecken Sie beide Stiefelhälften zusammen, sodass die Seiten aus Weihnachtsstoff außen liegen, und heften das Paspelband rundherum. An der Oberkante fassen Sie jede Stiefelhälfte separat ein und formen an der Hinterseite eine Aufhängeschlaufe aus Paspelband. Steppen Sie das Paspelband sorgfältig mit der Maschine ab und achten Sie darauf, dass die Kante des Bandes auch auf der Rückseite des Stiefels sauber von der Naht erfasst wird.

● Tipp ●

Für Patchwork-Arbeiten sind reizvolle Baumwollstoffe mit Weihnachtsmotiven im Handel erhältlich. Wählen Sie einen groß gemusterten Stoff für die Außenseite des Stiefels, einen kontrastfarbenen kleingemusterten als Futter.

Apfelmännlein

Die Wichtel aus Äpfeln, Walnüssen, einem Filzrest und etwas Watte haben Kinder schon vor Jahrzehnten begeistert und sind auch heute eine besonders reizende Dekoration für den adventlichen Kaffeetisch.

Übertragen Sie den Halbkreis für die Mütze vom Vorlagenbogen auf den Filzrest und schneiden Sie ihn aus. Biegen Sie den Filz zur spitzen Mütze und kleben Sie die Kanten mit wenig Alleskleber aufeinander. Auf die Mützenspitze setzen Sie den Pompon mit einem Tupfer Klebstoff.

Das wird gebraucht

Bastelfarbe, weiß und schwarz
1 Walnuss
1 Zahnstocher
1 rotbackiger Apfel
Filzrest, rot
Alleskleber und Schere
1 Mini-Pompon, rot
Watte

So wird's gemacht

Malen Sie mit weißer und schwarzer Bastelfarbe zwei Augen auf die obere Hälfte der Walnuss und stecken Sie vorsichtig den Zahnstocher in die kleine Öffnung am anderen Ende der Nuss. Mit dem Zahnstocher befestigen Sie die Nuss als Kopf auf dem Apfel.

Formen Sie aus Watte einen Haarkranz und einen üppigen Vollbart und fixieren Sie beides mit Alleskleber an der Nuss.

● *Tipp* ●

Zu den Apfelmännlein passen Äpfel als Kerzenständer: Stechen Sie einen kleinen Teil des Kernhauses aus, stellen Sie eine Christbaumkerze in die Höhlung und stecken Sie rundherum kleine Buchsbaumzweige in den Apfel.

Bevor die Äpfel verderben, sollten Sie sie zu Apfelkompott oder- mus verarbeiten. Schneiden Sie dafür die Stellen, die mit der Kerze oder mit den Buchszweigen in Kontakt gekommen sind, großzügig aus und verwenden Sie den Rest.

Flechtsterne

*Diese Flechtsterne, nach dem Pädago-
gen Friedrich Fröbel (1782 – 1852) auch
Fröbelsterne genannt, kennt fast jeder.
Aber wer weiß noch, wie sie angefertigt
werden? Hier ist die Lösung.*

Das wird gebraucht

4 Streifen Ramieband, rot, 2 cm breit,
   60 cm lang
oder
4 Streifen Ramieband, grün, 1 cm breit,
   30 cm lang
Faden zum Aufhängen (nach Belieben)
Nähnadel, spitz und lang

So wird's gemacht

① Legen Sie jeden Streifen in der Mitte
zusammen. Dann verflechten Sie alle
vier doppelt gelegten Streifen zu einem
Kreuz. Um der Übersichtlichkeit willen
haben wir für die Zeichnungen Streifen
in zwei Farben gewählt und sie oben
beginnend im Uhrzeigersinn von 1 bis 4
durchnummeriert. Streifen 2 wird um
Streifen 1 gelegt, Streifen 3 um Streifen
2. Schließlich wird Streifen 4 um Streifen 3 gelegt und zwischen den beiden
Lagen von Streifen 1 durchgezogen.

② Klappen Sie die obere Lage von Streifen 1 senkrecht nach unten, die obere
Lage von Streifen 4 nach rechts darüber,
die obere Lage von Streifen 3 nach oben
und die obere Lage von Streifen 2 nach

links. Diesen Streifen schieben Sie unter
dem nach unten geknickten Streifen 1
durch, sodass ein fest verflochtenes
Quadrat in der Mitte des Streifenqua-
drates entsteht.

③ Knicken Sie den rechten oberen Streifen (= obere Lage von Streifen 3, die in
Schritt 2 nach oben geklappt wurde)
nach hinten und nach rechts, sodass
sich ein kleines Dreieck oberhalb des
Flechtquadrates bildet.

④ Denselben Streifen knicken Sie nun
nach vorne und unten. Dabei entsteht

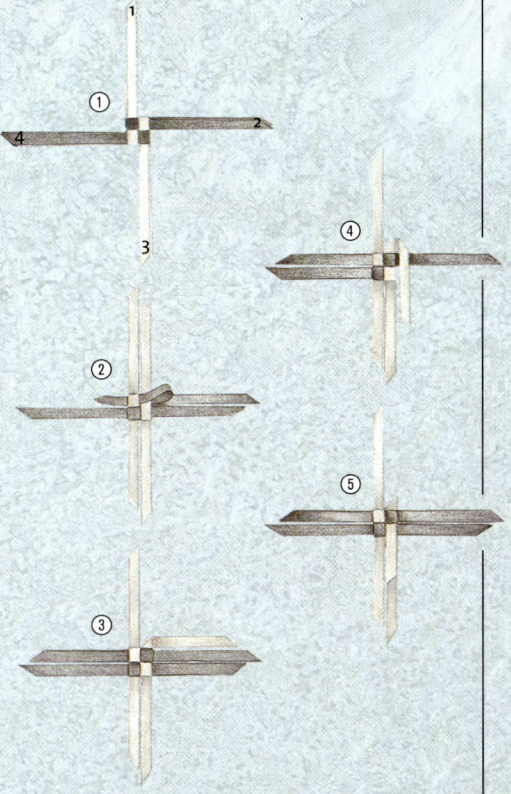

ein weiteres Dreieck. Unterhalb der waagerechten Streifen sind jetzt 3 parallele, aber unterschiedlich lange Streifen zu sehen.

⑤ Klappen Sie den rechten Streifen auf den links daneben liegenden, wobei das rechte Dreieck auf das linke zu liegen kommt. Biegen Sie dieses Dreieck leicht nach hinten und schieben Sie das Ende des oberen Streifens durch die Lasche des Quadrats unter dem Dreieck.

⑥ Drehen Sie das Gebilde um 90 Grad nach links und wiederholen Sie Schritt 3 bis 5. Verfahren Sie so weiter, bis 4 Zacken entstanden sind.

⑦ Dann drehen Sie das Ganze um und wiederholen Schritt 3 bis 6 mit den nun jeweils vorne liegenden und längeren der beiden oberen Streifen.

⑧ Damit der Stern dreidimensional wird, klappen Sie nun den oberen der beiden nach rechts weisenden Streifen nach links um. Dann biegen Sie den rechten der beiden nach unten zeigenden Streifen senkrecht hoch, halten ihn mit dem Daumen der linken Hand in dieser Position und drehen ihn mit der rechten Hand immer weiter nach rechts. Achtung! Der Streifen darf bei dieser Drehung nicht geknickt werden. Das Streifenende schieben Sie in den Schlitz unter dem nach links geklappten Streifen und ziehen es vorsichtig heraus. Dabei bildet sich eine saubere Zacke.

⑨ Arbeiten Sie die nächsten Zacken, indem Sie jeweils den rechten unteren Streifen wie in Schritt 8 beschrieben drehen und das Streifenende unter der vorherigen neu entstandenen Zacke hindurchschieben.

⑩ Wenn auf der Vorderseite 4 Zacken entstanden sind, drehen Sie den Stern um und wiederholen die Schritte 8 und 9 auf der Rückseite. Die überstehenden Streifenenden ziehen Sie etwas an und schneiden sie mit einer spitzen und scharfen Schere an der Zackenkante ab. Wenn Sie den Stern aufhängen möchten (siehe Weihnachtsbaum auf Seite 2), können Sie einen langen Faden zur Hälfte zusammenlegen, die losen Enden verknoten und die so entstandene Schlaufe mit einer langen, spitzen Nadel in den Stern einziehen.

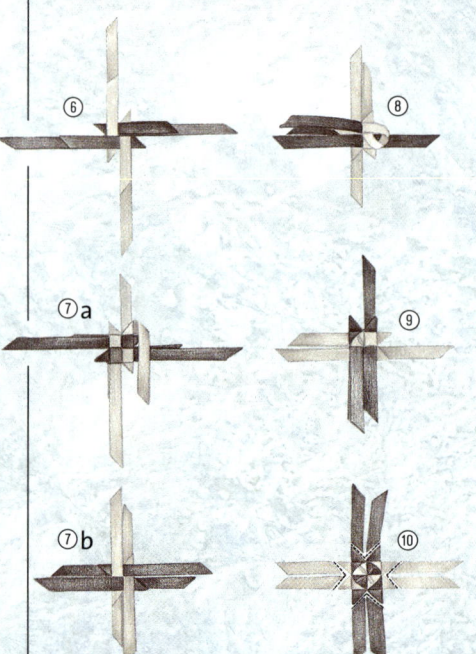

Faltsterne

Je nachdem, ob Sie große Faltsterne aus schwarzem Tonpapier schneiden und mit Transparentpapier hinterkleben oder ob Sie für kleinere Sterne nur feines Seiden- oder Transparentpapier verwenden, entstehen auffallende Farbtupfer oder schneeflockenzarte Dekorationen fürs Fenster.

Das wird gebraucht

Transparentpapier in beliebigen Farben
Tonpapier, schwarz
Klebstoff
Klebeband, doppelseitig und transparent
Spitze, scharfe Schere

So wird's gemacht

① Ein quadratisches Stück Transparentpapier diagonal falten (siehe Seite 20).

② Das entstandene Dreieck zur Hälfte zusammenlegen.

③ Das Ergebnis ist ein weiteres Dreieck, bei dem nun vier Papierlagen übereinander liegen. Die beiden offenen Spitzen

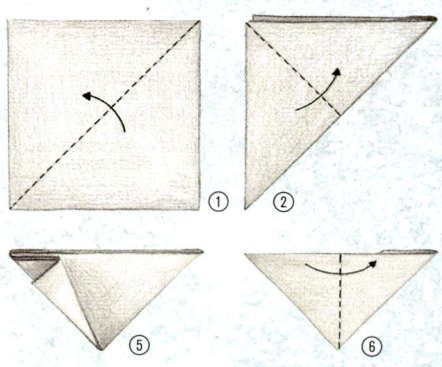

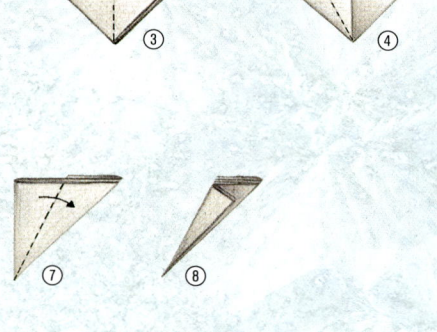

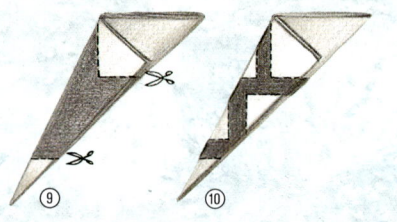

⑨ Mit einer spitzen, scharfen Schere die in der Zeichnung markierten Teile des Dreiecks abschneiden: Dies ist die Grundform des Sterns.

⑩ Durch das Ausschneiden weiterer Formen bekommt der Stern sein filigranes Muster. Achten Sie aber darauf, dass überall noch genügend Papier stehen bleibt. Mit der Zeit sammeln Sie Erfahrung, welche Schnittformen besonders reizvolle Ornamente ergeben.

weisen nach rechts. Die obere rechte Spitze auf die linke Spitze legen und den Falz in der Mitte gut pressen.

④ Den Mittelfalz zur linken schrägen Kante bringen und alles gut pressen.

⑤ Die Figur umdrehen.

⑥ Die linke Ecke auf die rechte legen und den Falz pressen.

⑦ Den linken Falz auf die rechte schräge Kante legen und die Figur noch einmal gut pressen.

⑧ Entstanden ist nun ein längliches Dreieck.

Wenn Sie den Stern aus schwarzem Tonpapier oder aus Scherenschnittpapier anfertigen, können Sie ihn mit farbigem Transparentpapier hinterkleben und mit doppelseitigem transparentem Klebeband am Fenster befestigen: Die Wintersonne bringt Ihren Stern effektvoll zum Leuchten.

● Tipp ●

Die kleinen Abschnitte von der unteren Spitze des gefalteten Dreiecks ergeben kleine Sterne, die sich gut mit den filigranen Sternen kombinieren lassen.

Falten Sie das Papier auseinander und lassen Sie sich von einem zart gemusterten Stern überraschen.

Rauschgoldengel

Der klassische Rauschgoldengel mit kunstvoll plissiertem Rock bildet in jedem weihnachtlich geschmückten Zimmer einen Blickfang.

Das wird gebraucht

Bastelfolie, doppelseitig, rot und gold-
  farben mit Sternchen (beide Seiten rot
  bzw. goldfarben)
Engelskopf und -hände aus Wachs an
  Drahtstielen
Holzklotz als Sockel, ca. 7 x 7 x 7 cm
Bohrer
Alleskleber und Schere
Engelshaar

So wird's gemacht

Schneiden Sie aus der roten Folie einen Kreis mit 40 cm Durchmesser aus. Falten Sie den Kreis 8 x zur Hälfte und öffnen Sie ihn wieder, sodass 16 Kniffe mit gleichmäßigen Abständen entstehen. Dann drehen Sie den Kreis um und falten ihn wieder 8 x, jedoch so, dass die neuen Falten genau auf die Mitte zwischen den vorhergehenden treffen und der Kreis rundum gleichmäßig plissiert ist.

Verdrillen Sie die Drahtenden der Hände mit dem Draht unterhalb des Engels-

kopfes. Bohren Sie mit einem dünnen Bohrer ein Loch in die Mitte des Holzklotzes, und stecken Sie den Draht des Engelskopfes durch die Mitte des Plisseerockes hindurch in das Loch im Holzklotz. Dieser Sockel hält nicht nur den Kopf in der richtigen Position, sondern sorgt auch für Standfestigkeit.

Übertragen Sie die Vorlagen für das Oberteil des Engelsgewandes und für die Flügel auf die Goldfolie und schneiden Sie beides aus. Das Oberteil ziehen Sie über den Kopf des Engels (der Schlitz am Halsausschnitt liegt hinten) und verkleben die Seitenkanten sowie die Ärmel vorsichtig. Den Schlitz am Rücken des Engels verdecken Sie mit einem kleinen Streifen Goldfolie und kleben das Flügelpaar an.

Zum Schluss gestalten Sie eine Lockenfrisur aus Engelshaar, das Sie am Kopf des Engels festkleben, und setzen der Figur einen Haarreif aus einem schmalen Streifen roter Folie mit einem winzigen Goldstern auf.

• Tipp •

Wer mag, gibt dem Engel ein Spruchband in die Hand: Messen Sie dazu den Abstand zwischen den Engelshänden. Schneiden Sie aus Goldfolie oder Transparentpapier einen 1 cm breiten Streifen zu, der etwas länger ist als der gemessene Abstand. Befestigen Sie die Enden mit Klebstoff an den Händen.

Igelstern

Aus acht gleichen Einzelteilen wird die-
ser dreidimensionale Stern angefertigt,
dem seine vielen spitzen Zacken den
Namen »Igelstern« eingebracht haben.
Vier Teile ergeben hübsche Kerzenhalter
für den vorweihnachtlichen Kaffeetisch.

Das wird gebraucht

Bastelfolie, doppelseitig (z.B. auf einer
  Seite goldfarben, auf der anderen Seite
  blau)
Bleistift (zum Formen der Zacken)
Alleskleber und Schere
Goldkordel oder Faden

So wird's gemacht

Aus der Bastelfolie acht gleich
große Kreise ausschneiden und
mit Geodreieck und Bleistift jeden Kreis in acht gleich große
Segmente aufteilen. Die Linien
jeweils bis zu drei Vierteln der Ra-
diuslänge einschneiden (Abb. 1) und
anschließend die Seitenkanten der Segmente über die Spitze eines Bleistifts
zu spitzen Tüten rollen (Abb. 2).

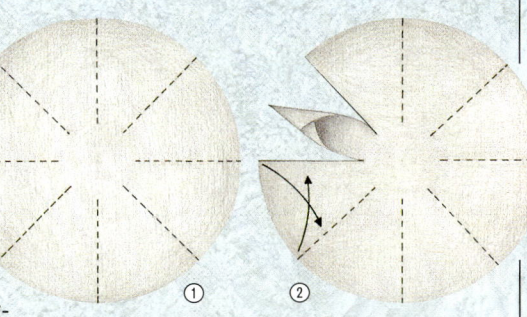

① ②

Jeweils vier dieser Zackenkränze mit
den offenen Seiten nach oben so übereinander kleben, dass die Zacken jedes
Kranzes auf die Lücken des vorhergehenden Kranzes treffen. Zum Schluss
beide Hälften à vier Kränze mit den Un-
terseiten zusammenkleben. Dabei ein
Stück Goldkordel oder einen Faden zum
Aufhängen zwischen die beiden Teile
legen.

*Halbe Igelsterne aus vier Zackenkränzen
lassen sich als Kerzenhalter verwenden.*

Achtzackiger Stern

Dieser plastische Stern ist im Hand-
umdrehen aus Goldfolie angefertigt
und wirkt am Weihnachtsbaum ebenso prachtvoll wie zur Adventszeit im
Fenster.

Das wird gebraucht

Bastelfolie, doppelseitig (z.B. auf einer
  Seite goldfarben, auf der anderen Seite
  blau)
Alleskleber und Schere
Goldkordel oder Faden

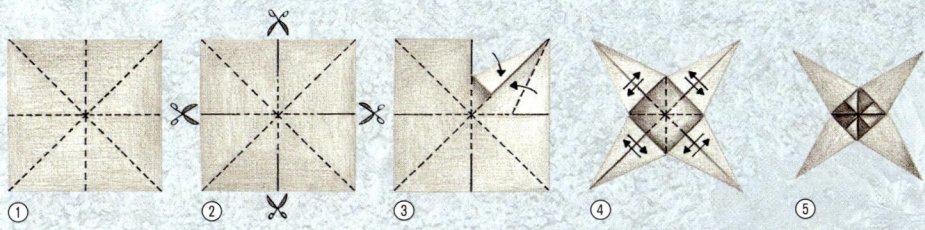

① ② ③ ④ ⑤

So wird's gemacht

① Ein Quadrat aus Bastelfolie zweimal gerade und zweimal diagonal zur Hälfte zusammenlegen und wieder auffalten.

② Von den Seitenkanten aus die Falzlinie etwa ein Viertel einer Seitenlänge zur Mitte hin einschneiden.

③ Die Seitenkanten jeweils zum Diagonalfalz hin einklappen.

④ Das Ergebnis ist ein flacher Stern mit vier breiten Zacken.

⑤ Die beiden »Flügel« jeder Zacke übereinander schieben und festkleben, sodass der Stern plastisch wird. Achten Sie darauf, dass der Grat auf der Vorderseite jeder Zacke sauber gelingt und in der Mitte des Sterns keine hässlichen Knicke entstehen.

Fertigen Sie zwei solcher Sterne an und legen Sie zwischen die »Flügel« einer Zacke ein Stück Goldkordel oder einen Faden zum Aufhängen des Sterns, bevor Sie die Zacke zusammenkleben. Beide Sterne legen Sie so aufeinander, dass die Zacken des einen auf die Zwischenräume des anderen treffen, und fixieren beide mit wenig Klebstoff, den Sie auf die inneren Kanten der Zacken geben.

Strohsterne

Strohsterne als Weihnachtsschmuck kommen nie aus der Mode. Ich stelle Ihnen hier zwei klassische Modelle vor, die Sie ohne Legeformen leicht nacharbeiten können.

Das wird gebraucht

Bastel-Strohhalme
Faden (z.B. Vierfach-Stickgarn oder Gold-metallic-Stickgarn)
Kleine, scharfe Schere

So wird's gemacht

Stern 1

Für diesen Stern können Sie ganze, ungebügelte oder halbierte und flach gebügelte Strohhalme verwenden. Der abgebildete Stern besteht aus halbierten und gebügelten Halmen.

Legen Sie acht gleich lange Halme sternförmig aus und weben Sie einen etwa 30 cm langen Faden rundherum: über den obersten Halm hinweg, unter dem nächsten hindurch und so weiter bis zum Rundenbeginn. Drehen Sie den Stern vorsichtig um und verknoten Sie Anfang und Ende des Fadens vorsichtig auf der Rückseite.

Fertigen Sie nach dieser Methode einen zweiten Stern an und legen Sie ihn so auf den ersten, dass die Zacken des einen auf die Zwischenräume des anderen treffen. Wie beim ersten Mal weben Sie nun auf und ab rundherum, sodass die beiden Sterne miteinander verbunden werden. Zum Schluss schneiden Sie die Spitzen mit einer kleinen, scharfen Schere in Form.

Stern 2

① Stecken Sie neun gleich lange, ganze Halme in der Mitte auf eine Stecknadel und binden Sie dieses Bündel mit doppeltem Faden fest zusammen. Den Faden verknoten Sie hier und bei den folgenden Arbeitsschritten unauffällig auf der Rückseite und schneiden die Enden kurz ab.

② Verteilen Sie die Halme vom Mittelpunkt aus sternförmig in Dreiergruppen und binden Sie jede dieser Gruppen etwa 2 cm vom Mittelpunkt entfernt ab.

③ Führen Sie die äußeren Halme zweier benachbarter Dreiergruppen zusammen und binden Sie ihre Enden zu einer Zacke zusammen. Schneiden Sie die Zacken und die Halmenden dazwischen dekorativ zu.

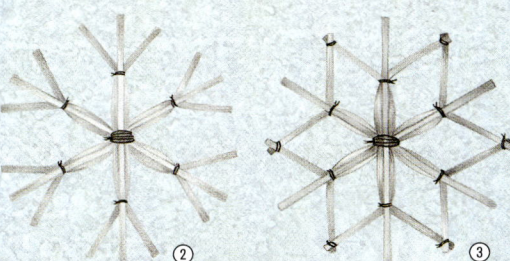

①

②　③

Buntpapierkette

Ketten aus farbigem Glanzpapier halten
einen bunt geschmückten Weihnachtsbaum optisch zusammen. Schon die
Kleinsten sind stolz darauf, beim Anfertigen der Girlanden mithelfen zu dürfen.

So wird's gemacht

Schneiden Sie aus Glanzpapier 1 cm
breite und 10 cm lange Streifen. Kleben

Das wird gebraucht

Glanzpapier, gummiert, in verschiedenen
  Farben
Alleskleber und Schere

Sie die Enden des ersten Streifens zusammen, hängen Sie den nächsten
Streifen ein und verbinden Sie die Enden
ebenfalls. Fahren Sie so fort und wech-
seln Sie dabei die Farben stets ab.

Flechtherz

In Schweden gehören solche Herzen seit jeher an den Weihnachtsbaum. Und weil sie so schön sind, schmücken auch bei uns längst nicht mehr nur Schweden-Fans ihre Tanne damit.

So wird's gemacht

Übertragen Sie die Vorlage vom Vorlagenbogen zweimal auf die Bastelfolie und schneiden Sie die Formen aus. Falten Sie beide Teile quer in der Mitte, sodass beim einen die rote, beim anderen die goldfarbene Seite außen liegt,

Die Deutsche Bibliothek – CIP-Einheitsaufnahme

Ein Titeldatensatz für diese Publikation ist bei
Der Deutschen Bibliothek erhältlich.

Das wird gebraucht

Bastelfolie, zweifarbig (eine Seite rot,
  die andere goldfarben)
Alleskleber und Schere

*Besuchen Sie uns auf unserer Internetseite unter
www.augustus.de*

Das Werk einschließlich aller seiner Teile ist urheber-
rechtlich geschützt. Jede Verwertung außerhalb des
Urhebergesetzes ist ohne Zustimmung des Verlages
unzulässig und strafbar. Das gilt insbesondere für Ver-
vielfältigungen, Übersetzungen, Mikroverfilmungen
und die Einspeicherung und Verarbeitung in elektro-
nischen Systemen.

Die im Buch veröffentlichten Ratschläge wurden von
Verfasserin und Verlag sorgfältig erarbeitet und ge-
prüft. Eine Garantie kann dennoch nicht übernommen
werden. Ebenso ist die Haftung der Verfasserin bzw.
des Verlages und seiner Beauftragten für Personen-,
Sach- und Vermögensschäden ausgeschlossen.

Jede gewerbliche Nutzung der Arbeiten und Entwürfe
ist nur mit Genehmigung von Verfasserin und Verlag
gestattet.

und schneiden Sie die eingezeichneten
Linien ein.

Nun ist ein wenig Fingerspitzengefühl
gefragt. Die beiden Hälften werden
nämlich so miteinander verflochten,
dass das fertige Herz eine Art Tasche
bildet. Die doppelt liegenden Streifen
müssen abwechselnd um einen doppelt
liegenden Streifen des anderen Teils
gelegt oder zwischen den beiden Lagen
hindurchgeschoben werden (siehe Grafik). Am besten üben Sie erst einmal mit
Schreib- oder Glanzpapier und gehen
erst dann zu Folie über.

Fotografie: Klaus Lipa, Diedorf bei Augsburg
Foto Seite 5 oben: Helene Weinold
Lektorat: Melanie Gutschker, Augsburg
Grafiken: Claudia Wiedenroth, Niederstaufen
Umschlaggestaltung: Angelika Tröger
Reihenkonzeption: Kontrapunkt, Kopenhagen
Layout: Anton Walter, Gundelfingen

① ②

AUGUSTUS VERLAG, München 2001
© Weltbild Ratgeber Verlage GmbH & Co. KG.

Schneiden Sie einen 1 bis 1,5 cm breiten
und etwa 15 cm langen Folienstreifen
zu, falten Sie ihn der Länge nach, bestreichen Sie die Enden mit etwas Alleskleber und fixieren Sie ihn als Aufhängeschlaufe zwischen den beiden Lagen
des fertigen Herzens.

Satz: Gesetzt aus 9,5 Punkt The Sans von DTP-Design
Walter, Gundelfingen
Reproduktion: Repro Ludwig, A-Zell am See
Druck und Bindung: Offizin Andersen Nexö, Leipzig

Gedruckt auf 135 g umweltfreundlich chlorfrei
gebleichtes Papier.

ISBN 3–8043–0878–3

Printed in Germany